AF357197

PROPOSITION,
FAITE AV ROY,
PAR MARC MARRESSE',
NAGVERES ARCHIER DES gardes du corps de sa MAIESTE': Contenant les moyens de rendre la Soye aussi commune en France, Nauarre, Bearn, qu'elle est en la Chine, & par toute l'Italie, & Espagne.

Reglement General, & bon ordre, qui se peut faire, pour oster toute fraude, abus, & maluersations qui se sont commises cy deuant, & se commetront, sur le departement du Plant des Meuriers, comme il est cy apres declaré.

M. DC. X.

AV ROY:

SIRE,
Il est impossible que
vostre Majesté voye
reüssir le bien qu'elle
s'est promise de l'establissement
des manufactures de l'Art de la
Soye, si le Plant des Meuriers (qui
doit estre le fondement de ce des-
seing,)n'est premierement fait par
toute la France: d'autant que si les
soyes ne se font en vostre Royaume, les marchandises qui si feront
seront tousiours cheres : il y aura
plus de despence que de proffit, &
vos subiects n'en pourront tirrer
aucune vtilité, ou au cõtraire si la

matiere ſi recueille, outre le proffit
que voſtredite Majeſté receura en
particulier to⁹ les ans de plus d'vn
milliõ d'or, des droicts qu'elle pou
ra prendre des ſoyes qui ſi feront:
Outre pour l'eſpargne qu'elle fera
de l'argẽt qui ſe trãſporte aux païs
eſtranges, qui ſont tous les ans de
plus de ſix millions d'or, eſtant la
choſe recogneüe, pour les grandes
traffiques qu'on voit faire d'ordi-
naire: & des grandes quantitez de
ſoye qui ſe feront dans voſtre Frãce, il s'en pourra faire ſi bõ marché
que les autres Royaumes eſtrãgers
ſeront cõtrains ſe venir pouruoir
deſdites ſoyes. Et par conſequent
l'argent retournera dans voſtre
Royaume, & le peuple en general
ſe reſentira de la commodité, & la
France en ſera moins diſeteuze, de
maniere que voſtre Majeſté a grãd
intereſt de peupler ſon Royaume

ue Meuriers, & d’auoir des hommes qui en fachent faire les depar-
tements, & a apprēdre à les efleuer
& cultiuer, mefmes à nourrir les
vers, faire & tirer la foye. Ce que
Marc Marreſsé s’offre ſoubs le bō
plaiſir de voſtre Majefté d’entre-
prēdre, ſi elle l’a agreable de luy dō
ner la charge d’Entrepreneur General dudit Plant, aux conditions
qui feront cy apres declarées.

Ledict Marreſsé qui pour auoir
efté long tēps en Efpagne a acquis
vne grande experiēce en la culture
des Meuriers, nourriture des Vers,
& Art de tirer la Soye : Ayant fçeu
l’intétion de voftre Majefté, & de-
firāt en cefte entreprife de la feruir,
& au public, apres plufieurs lōgues
& curieufes recherches a apris les
fecrets de les faire venir grands en
peu d’années dans toutes les terres
de France : Tellement que le Sieur

de la Femaz Controlleur General
du Commerce, qui a fait la propo
sition dudit plant à voſtre Majeſté
en ayant eſté aduerty l'auroit con-
uié par pluſieurs lettres de venir en
ceſte ville pour contribuer à ceſte
entrepriſe: Ce que ſon experience
& ſon ſoing luy auroit acquis, où
eſtant arriué il ſe ſeroit trauaillé à
dreſſer des memoires en forme de
reiglement concernāt ledit Plant,
lequel il ſupplie treſ-humblement
voſtre Majeſté faire voir & exami-
ner en ſon Conſeil, pour luy eſtre
pourueu ſur ſa demande.

Il vous remonſtre donc, (non
pas l'vtilité dudiᶜt plant, pource
que voſtre Majeſté ne la point igno
rée quant elle en a elle meſme faiᶜt
planter en ſes Tuilleries, & en quelques Generalitez de ſõ Royaume)
mais bien la neceſſité que la Frãce
peult auoir deſdits Meuriers: Au

iourd’huy que les manufactures
de soye y sont introduictes, & que
les ouuriers y viennent de toutes
parts, car il est certain qu’elle n’est
pas fournie de la milliesme partie
de ce qui luy en fault , & que tant
qu’il faudra faire venir des soyes de
la Chyne, & du Leuant, pour les
manufactures, & mettre en ouura
ge en vostredit Royaume, les mar-
chādises seront tousiours si cheres
qu’en vain l’on s’efforcera de les y
establir, puis que l’Estrāger en pou
ra faire tousioursmeilleur marché.

Mais ce seroit abuser vostredite
Majesté & trōper tous vos sujects
de penser faire ledit plant cōme il a
esté commencé, d’autāt qu’outre
les grādes leuées qu’il faudroit faire on ne seroit pas asseuré de me-
ner ceste entreprise en sa perfectiō.

Il y fault apporter vn ordre plus
certain pour l’executer auec plus

de facilité & moins de fraiz, & faire en forte que ce foit au bien de la
France, & contentement de voſtre Majeſté.

C'eſt ce que ledit Marreſſé veut
entreprendre, (pouruueu qu'il ſoit
aſſiſté de voſtre auctorité,)meſme
d'inſtruire le peuple à la nourriture des vers, & Art de tirer la Soye,
renouuueller la ſemence des vers
auſſi naturelle qu'elle ſe puiſſe faire
en Eſpagne ny ailleurs

Quelques particuliers auoient
bien entrepris de fournir quatre
cens mil Meuriers aux Generalitez
de Paris, Orleans, Tours, & Lyon,
moyennant quarãte mil eſcus qui
leurs furent dõnez par voſtre Majeſté, mais le mauuais ordre qu'on
y apporta fut cauſe que le plant ſe
ſeicha au parauãt d'eſtre diſtribué,
& que l'ẽtrepriſe demeura inutile.

Or ce n'eſt pas ce que ledit Mar-

reſſé entend faire, car il a nõ ſeulement le moyẽ de les faire venir par
tout, mais encores le ſecret de les
faire plus croiſtre en deux ans que
les autres ne pourroient faire en
quatre.

Voſtre Majeſté (Sire) a eſté cu-
rieuſe de faire planter deſdits Meuriers en vne des allées des Tuilleries
pour voir s'ils venoient promptement, mais pour auoir eſtez plantez au pied d'vne muraille, & ſans
pouuoir eſtre labourez, & auſſi
pour n'auoir eſté ny antez ny emõ
dez ils ſont demeurez petis, & nõt
pas rendu la moitié de l'ombrage
ny de fueilles qu'ils deuoient rendre, de maniere qu'il eſt aiſé à ju-
ger que les entrepreneurs ny vos
jardiniers n'ont pas cogneu le vray
ſecret de les faire venir en France,
auſſi beaux qu'aux eſtranges pays.
Car ſi ces Meuriers euſſent eſtez

antez, emondez, & labourez com
me il faut, ils euſſent mieux eſtédu
leurs racines, & la fueille en euſt
eſté beaucoup plus tendre, grande, & propre pour la nourriture
des vers: là où au contraire pour
auoir eſté negligez ils ſe ſont aba-
tardiz, & abaugris,& n'ont pas ré-
du le quart dela ſoie qu'ils deuoiét
rendre.

Ce n'eſt pas aſſez d'auoir le ſecret de faire venir les Meuriers, il
faut ſçauoir en quel lieu, & com-
ment les vers ſe veulent nourrir,
meſme ce qui leur eſt propre lors
qu'ils veulent faire la ſoye, pource
que beaucoup qui s'en ſont meſ-
lez y ont failly, & peu de perſon-
nes le ſçauent encores.

C'eſt dóc vne neceſſité d'inſtruire le peuple à la nourriture & trái-
tement deſdit vers, autrement le
plant des Meuriers ſeroit inutile,

car nous voions que cela a esté negligé iusques icy, & que les Entrepreneurs n'en ont tenu non plus
de conte que si ce feust esté vne
chose facile, & cogneüe à tout le
monde.

Ledict Marressé ne veult rien
obmettre de ce qui peut seruir à la
perfection de ceste entreprise:mais
offre soubs le bon plaisir de vostre
Majesté de monstrer toutes obseruations à ce necessaires, aussi il
monstrera le grand proffit qui pro
uiendra dudit plant à l'aduenir,&
rendre ce mesnage aussi commun
qu'il est en Espagne, & par toute
l'Italie.

Vostre interest particulier vous
y doit conuier (Sire) quant çe ne
feroit que pour auoir moyen de
vous passer de vos voisins,& apres
cela il semble que le bien de vos
subjects vous le doit faire desirer,

d'autant que c'eſt l'vnique moyen de donner la vie à vne infinité de pauures qui meurent dans voſtre Royaume de neceſſité, à faute d'occupation, & rendre voſtre France le plus riche Royaume du monde.

Quand ces conſiderations la ne porteront voſtre Majeſté à faire faire ledit plant, les ſimples proprietez du Meurier ſeront aſſez fortes pour y induire tout le mon de à en planter, car ce ſont arbres dont les racines qui viennent grãdement longues ſans empeſcher neant-moins la terre de produire leurs fruicts accouſtumez, peuuent ſeruir eſtants couppées, trampées, & appreſtées comme la chanure à faire des cordages pour equipper des Nauires, & pour s'en ſeruir à autres vſages qui durent deux fois autant que ceux qu'on fait de la chanure au iourd'huy.

Le bois a aussi cela de propre que si l'on l'employe en meubles la vermine ny les punaizs ne sy attachent iamais, non plus que les chenilles aux fueilles d'iceluy : outre que sa couleur jaunastre ondée & damazée, passe en beauté tous les autres bois.

Que si on veut faire des tonneaux de ce bois, a aussi la vertu de conseruer le vin qu'on y met & luy donner bon goust, plaisant & delicieux, mesme que les vaisseaux durent deux fois plus que les autres vaisseaux.

Au reste l'ombrage desdicts Meuriers n'est nullemeut prejudiciable aux bleds, ny aux vignes, comme quelques vns ont pensé, pource que l'on en oste les fueilles, pour la nourriture des Vers, que lors que les bleds, & les vignes

commencent à fortir, & en vn
temps que les Laboureurs n'ont
rien à faire, & ne trouuent rien à
gaigner, de maniere que ce n'eſt
pas vne petite commodité pour
le pauure peuple de trouuer à s'em
ployer en la faizon de l'année la
plus morte.

Et pource qu'en la derniere faizon, les Meuriers ſe recouurent
de fueilles, on les peut cueillir,&
faire ſeicher comme le foing pour
engreſſer le beſtail, car outre que
vne charretée de ſes fueilles profite
plus que deux charretées de foing:
les bœufs, vaches, & brebis qui en
ſont nourris s'en portent mieux
& la chair en eſt de meilleur gouſt
& plus profitable.

Quand les Meuriers ſont antez,
&emondez d'an en an, ou de deux
ans en deux ans, les fueilles en ſont
plus grandes, tendres, & delicates

pour la nourriture des vers , & les
meures plus grosses & douces , &
meilleures pour en substanter les
pauures à vn besoin , & pour en=
gresser les Oyes,& Cocqs d'Indes,
voire toutes sortes de volailles , &
mesmes les porceaux , & plusieurs
autres animaux,dont la chair des-
quels tenant de ceste nourriture
se trouue fort plaisante & delecta-
ble au goust.

    Ces Arbres viennent longs &
droits, s'ils sont bien emondez &
entretenus, peuuent seruir à faire
des sercles pour toutes sortes de
vaisseaux qui durent deux fois autant que de tout autre bois, l'es-
corce des ieunnes branches lors
que leur seue monte trempée cõ-
me la chanure se peut filler facillement pour en faire des toilles aussi
fines que celles qui se font en Hol-
lande , & de plus longue durée.

C'eſt choſe experimentée, & recogneüe par pluſieurs que la racine du Meurier laſche le ventre, & chaſſe la vermine du corps, ſert de contre-poiſon, appaiſe la douleur des dents, arreſte le flux de ſang, meſme que la meure confite appaiſe & guariſt promptement le mal de gorge, d'auantage ſi ce qui vient du Meurier eſt preparé & deüement adapté appaiſe la douleur des gouttes, fait bien au foye, corrige & purifie le ſang, en vſant de ſon fruict auec bon regime. De ſorte qu'õ peut dire que la Nature a donné le Meurier à l'hõme pour s'en ſeruir à pluſieurs vſages, & ce pendant le plãt en a eſté tellement negligé qu'ẽ beaucoup de lieux de la Frãce on a mieux aymé rẽplir les terres de Saules, & d'autres arbres infructueux, que de Meuriers, leſquels ſont grãdement profitables.

Quoy

Quoy que ce plant ſoit extre-
mement neceſſaire, neant-moins
comme vn biē public eſt ordinai-
rement controuerſé, il y en a qui
prennent plaiſir à dire que la France eſt trop froide tant pour y eſle-
uer les Meuriers que pour y nourrir les vers à Soye, toutef fois cin-
quante ou ſoixante lieües és enui-
rons de Paris il y en a eſté edifié plu
ſieurs ſans y auoir apporté toutes
choſes requiſes & neceſſaires, mais
outre que les eſpreuues qu'on y a
faites depuis ſept a huict ans, comme il ſe fait dans voſtre ville de Paris, Tours, & autres endroicts de
la Frāce d'auſſi bōnes & fines ſoyes
qu'en part du monde, cela fait foy
du contraire, il n'ya homme qui
puiſſe dire auoir veu vn Meurier
gellé, d'autant que c'eſt choſe recogneüe des anciens, & de nous
meſmes, que le Meurier ne jette

B

iamais ſes feuilles que le dernier de
tous les Arbres & quant le froid eſt
paſsé, meſme iuſques la que quand
il pouſſe ſes feuilles, on tient que
ceſt vn argumēt infaillible de chaleur, & de la vient que tous ceux
qui ont eſcript de la proprieté des
plantes, l'ont appellé le ſage Meurier, pource qu'il ne s'auāce iamais
prématurement comme lesautres
arbres, ains quand il ſe ſent hors
des dangers de gelées.

Et pour les Vers, cela depend de
la prudence, & du ſoing de celuy
qui les gouuerne, car puis qu'on
ne les fait eſclorre que quant l'on
veut, pourueu qu'on attende la
chaleur, & que l'on tienne les Pœl-
les, & tout ce qui eſt neceſſaire à ce
meſnagepreſt, ils viennent touſ-
iours à bien, & quand meſmele
printemps ſeroit froid &contraire
aux vers, il y a des remedes, que

ledict Marreſsé offre à apprendre
&enſeigner, à tous ceux qui en
voudront nourrir, quand les conditions qu'il demande luy ſeront
accordées.

Et pource qu'on ſe ſert en France de planches de Sapin qui viennent de dehors, & qui couſterónt
plus de deux cens mil eſcus pour
faire les cloiſons, & eſtablages,
à faire la nourriture des Vers,
& qu'a faulte de meilleure adreſſe
ils pourriſſent le plus ſouuent ſur
ces tablages en leur ordure, & ſont
ſujects à vne infinité de maladies,
pour n'eſtre pas bien nettoyez.
Ledict Marreſsé, (Sire) ſoubs le
bon plaiſir de voſtre Majeſté eſ-
pargnera ceſte deſpence en voſtre
Royaume, & rendra ce meſnage
plus facille, & fera que les vers ſeront mieux accommodez, par le
moyen de certaines Canes & ro-

zeaux qu'il entreprendra faire venir aifement & promptement par toute la France, pour feruir au lieu deSapins à faire lefdits eftablages & cloifons pour la nourriture des Vers.

Ces Canes qui viennent fort haultes & longues, dont le bois eft fort doux & amiable aux Vers fe pourront attacher enfemble auec de la ficelle, pour faire l'eftablage, cloifons, & feparation des vers, & d'autāt qu'à caufe des nœuds qu'elles apportent, elles font iour, & ne peuuent pas bien ioindre, à raifon defdits nœuds la fiente defdits vers tombera facillement par fes ouuertures, non pas fur les autres, mais fur vn linge que l'on mettra deffous, & par ce moyen ils demeurreront nettement fur leurs feuilles, & celuy qui en aura le foin en fera moins empefché, à les pen-

fer & nettoyer, joinct qu'ils en ae-
meureront plus seins.

De maniere que lesdites Canes
ne seront pas de peu d'vtilité en la
France : puis qu'oultre la grande
espargne qu'elles feront , elles feront cause que les Vers seront esle-
uez, & nouris plus facilement, &
qu'ils ne se pourront eschauffer ne
putrifier comme sur les autres ta-
bles de quoy on se sert à telles cho-
ses : Ce que ledit Marressé, a fort
bien obserué en Espagne, ou l'vsa-
ge desdites Canes est commun.

Elles viennent en grande abon-
bance facillement, & ne sont pas
seulement necessaires à ce mesnage, mais aussi à faire des berseaux
& cabinets aux iardins , & a cou-
urir les maisons champestres, voire, à faire des échalats pour les vignes : Voila pourquoy ceste commodité doit estre d'autant moins

negligée, & que ledict Marresse s'offre librement de la donner au public.

Il a encores d'autres petites obseruations tant pour lesdites Canes, que pour le Plant des Meuriers, & nourriture des Vers, & Art à tirer la Soye, qu'il enseignera au peuple, aussi tost qu'il aura pleu à vostre Majesté luy faire expedier les lettres & commissions necessaires à son entreprise.

Pour y paruenir donc, il demande qu'il plaise à vostre Majesté luy donner la charge d'Entrepreneur General dudit Plant, pour le temps & espace de douze années: Luy octroyer les turcies, & leuées du long des riuieres, terres vaines & vagues, & communes, dont vostre Majesté n'en tire aulcun proffit, pour subuenir aux grans fraiz qui luy conuiendra faire, pour le fait de son entreprise: Toutesfois ledict Marressé se remet au plaisir & bon vouloir de vostre Majesté, & de nos Seigneurs de son Conseil, & faire tres-expresses inhibitions & deffences à toutes personnes de quelque qualité & condition qu'elles soient, de vendre, achepter, distribuer, ny transpotrer desdits Meuriers, ne en faire aucune pepinieres pour en faire vente ny distribution pendant ledit temps de son entreprise, sans le vouloir & consentement de l'Entrepreneur, ou de ceux qui de luy auront charge, sur peine de confiscation desdits Meuriers, & de mil liures d'amende, moytié à vostre Majesté, & l'autre moytié, audit Marressé.

Quil soit permis & loisible audit Marressé de contraindre tous les habitans des Villes, Bourgs,

Bourgades , & Parroisses de ce Royaume , de prendre par ses mains ou de ceux qui de luy auront charge, certain nombre de Meuriers , chascun selon ses facultez , & commoditez , terres , & possessions , à raison d'vn sol parisis pour pied, de la grandeur de demy aulne ou trois quartiers, & s'ils sont plus grands, à l'equipolent , & que pour le payement d'iceux , ils puissent estre contrainits par toutes voyes de Iustice, & moyennant ledit payement leurs demeureront en pleine & entiere proprieté, & en cas qu'ils les laisseroient mourir, ou perdre, (bien qu'ils ny soyent subjects,) en estants bien entretenus : Car c'est Arbre de Meurier à cela de Nature de n'estre subject aux accidents ainsi que les autres Arbres, partant ils seront tenus d'en re-

prendre autant au mesme pris &
conditions susdites, & condem-
pnez en l'amende de trente liures,
moytié à vostre Majesté, & l'autre moytié audict Entrepreneur.

Et parce que lors de la premiere
entreprise, il y peult auoir six ou
sept ans, qu'ils leurs en furent baillez : mais à cause qu'il ny auoit pas
de peine ny d'amende, pour les re-
tenir en leur debuoir, feurent si
mal soigneux, & mesmes deso-
beissans, qu'ils negligarent le com-
mandement de vostre Majesté, &
laissarent perdre & perir les Meuriers qu'ils leurs furent baillez des-
lors : & ainsi en feroient ils à pre-
sent, sans leur en faire expres com-
mandement, ainsi qu'il est dit &
declaré cy dessus.

Qu'il soit mandé aux Euesques
d'en aduertir leurs Curez, affin
qu'ils ayent à publier aux Prosnes

de leurs Parroiſſes la volonté de
voſtre Majeſté, & les conditions
de l'entrepriſe dudict Marreſſé.

A ces charges & conditions, il
promet de faire des Pipinieres de
Meuriers par toutes les Generalitez, & Eſlections des Royaumes
de France, Nauarre, & pays de
Bearn, & en fournir toutes les Parroiſſes, dans deux ou trois ans au
pluslong, ſans que voſtre Majeſté
tire vn ſeul ſol de ſes coffres, enſei-
gnera les moyens de les anter, &
emonder, de faire venir les Canes, de nourrir les Vers, de tirer
la Soye, meſmes d'aller en Eſpagne, & par tout ailleurs ou beſoin
ſera chercher les grennes, ſemen-
ces, & greffes neceſſaires à l'effet
que deſſus, & porter tous les fraiz
qu'il conuiendra faire, ſçauoir le
tout (Dieu aydant) dans deux ou
trois ans.

Et au bout de quatre ou cinq ans, comme les Meuriers seront creuz, il offre d'enuoyer hommes exprès en chascune Election, qui en la presence des habitans fera lesdictes cloisons, nourrira les Vers, tirera la Soye, & leur laissera la semence des Vers, pour s'en seruir à l'année suiuante, le tout affin qu'ils se puissent instruire, & se seruir des Meuriers qui leurs seront baillez, & en mesme temps ledict Marressé prendra en pure proprieté la despouille, feuilles, & fruicts desdits Meuriers, audict temps, pour ses fraiz, peines, & vacations: si mieux ils n'aymeut rembourcer iceluy Marressé des fraiz susdits, ou ceux qui de luy auront charge.

C'est par le moyen de ses Pipinieres que la France peult estre peuplée abondamment de Meu-

riers, & non pas comme l'on à
voulu faire autres fois : Car il eſt
treſ-certain que les Meuriers qui
viendront de grennes dedans les
Pipinieres ayant deſ-ja pris nourriture, & eſtans eſleuez dans les
terres de France, prendront plus
facillement dans le territoire des
Parroiſſes quant ils ſeront tranſ-
plantez, & de façon que ledict
Marreſsé eſpere qu'auant que le
temps de ſon entrepriſe ſoit expi-
ré il ſe fera en France des Soyes,
non ſeulement pour ſa prouiſion,
mais auſſi pour en fournir les pays
& contrées des Allemagnes, Ir-
lande, Eſcoſſe, Angleterre, Da-
nemarc, Flandres, & pluſieurs
aultres Royaumes, & contrées
voiſines, au grand proffit & con-
tantement de voſtre Majeſté, &
au grand bien de tous vos ſub-
jects, qui auec vne bonne, &

ſaincte affection prieront Dieu le
tout Puiſſant , auec ledict Marreſsé pour l'accroiſſement de voſtre grandeur , proſperité , & ac-
compliſſement de vos deſſeins.

Acuerdo Oluido.